AF460436

# SANXAY

(VIENNE)

## DÉCOUVERTES GALLO-ROMAINES

### D'HERBORD, PRÈS SANXAY

1° *La Planche aux Moutons* (*vue prise sur la Vonne*) (1) :
2° *Le Balnéaire. Couloir de service des Hypocaustes ;*
3° — *Vue prise de l'angle sud-ouest ;*
4° — *Vue prise de l'angle nord-est ;*
5° *Le Théâtre. Vue prise à l'est ;*
6° — *Vue prise à l'ouest.*

## INDICATIONS PRÉLIMINAIRES

SANXAY, jadis, chef-lieu d'une viguerie, archiprêtré, chef-lieu de canton, est maintenant une commune de 1618 habitants qui dépend du canton de Lusignan. Elle couvre une superficie d'environ 2,415 hectares, est située à l'ouest du département de la Vienne et touche celui des Deux-Sèvres : la rivière la *Vonne* la traverse dans toute sa longueur et y fait même quelques circuits qui, tout en la fertilisant, lui donnent un aspect riant et agréable.

Une partie de la population de cette commune se trouve agglomérée autour de l'église, qui est sous le vocable de saint Pierre, et sur les bordures de quatre chemins anciens. Cette agglomération s'appelle le bourg et se trouve distante d'environ 1,500 mètres d'un petit hameau nommé *Herbord*, composé de vingt et un feux, et qui, situé sur le bord de la rivière, offre un aspect extrêmement pittoresque : il recèle les fondations de quelques constructions romaines.

On remarque également dans cette commune le château de *Marconnay*, dont les restes du XVIe siècle servent actuellement de ferme et présentent un intéressant sujet d'étude.

(1) On appelle ainsi dans le pays un petit pont moderne, en bois, sur lequel les visiteurs passent pour arriver sur les terrains qui contiennent les substructions gallo-romaines.

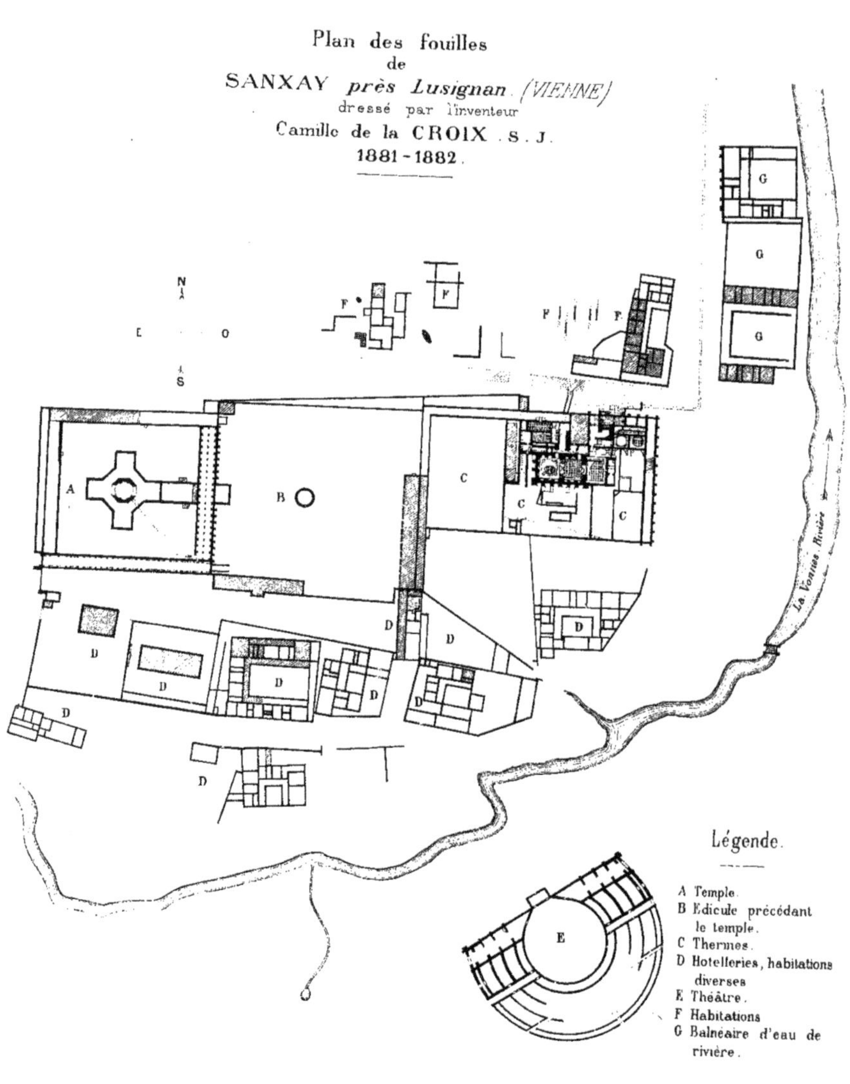

Plan des fouilles
de
SANXAY près Lusignan (VIENNE)
dressé par l'inventeur
Camille de la CROIX S. J.
1881-1882.
N
E
O
S
A
B
C
D
E
F
G
La Vonne Rivière
Légende.
A Temple.
B Edicule précédant le temple.
C Thermes.
D Hotelleries, habitations diverses
E Théâtre.
F Habitations
G Balnéaire d'eau de rivière.

Sanxay est à 29 kilomètres 400 mètres de Poitiers, et à 14 kilomètres de Lusignan.

Les fouilles que nous avons opérées dans la vallée de la Vonne, au lieu dit *les Crèches* (à 400 mètres du hameau d'Herbord et 1,500 du bourg de Sanxay), du 14 février 1881 au 31 octobre 1883, ont amené la découverte de substructions importantes, dont les archéologues se sont beaucoup occupés, et que l'État vient d'acquérir dernièrement pour les conserver à la science.

Plusieurs procès qui se succédèrent devant le tribunal de Poitiers, nous ont empêché jusqu'ici d'entreprendre les quelques recherches qui nous restent encore à faire pour posséder tous les éléments de notre découverte. Nous attendrons, pour publier la grande monographie que nous avons promise, que nous ayons eu la faculté d'examiner en détail les divers points secondaires qui peuvent se rattacher à notre étude. Mais, dès maintenant, nous possédons non seulement toutes les pièces du groupe monumental qui s'élevait dans la vallée, mais encore les renseignements suffisants à la détermination au moins probable de ces substructions.

Nous avons déjà esquissé cette description et cette interprétation lors du Congrès des Sociétés savantes de la Sorbonne de 1883 (1).

Nous allons donner aux lecteurs des *Paysages et Monuments du Poitou* un résumé aussi peu technique que possible de ce travail, en y ajoutant quelques détails sur les découvertes les plus récentes (2).

Les principaux édifices dont les restes ont été retrouvés sont les suivants : 1° un Temple; 2° un Balnéaire; 3° un Théâtre; 4° un groupe d'habitations particulières que nous appellerons Hôtelleries.

(1) *Mémoire archéologique sur les découvertes d'Herbord, dites de Sanxay*, par le Père Camille de la Croix, S. J., lu à la Sorbonne, dans la réunion des Sociétés savantes de Paris et des départements, le jeudi 29 mars 1883. — Niort, Clouzot, libraire-éditeur, 1883, in-8° de 78 pages, avec cinq planches en chromolithographie.

(2) Voir, sur les divers travaux publiés au sujet des fouilles de Sanxay, la *Bibliographie* critique donnée par le *Polybiblion* d'avril 1884, tirée à part.

# LE TEMPLE

Le Temple présente des particularités qui ne se voient guère dans les édifices de même genre. Son *naos* ou *cella* (qui a un diamètre intérieur de 8$^{m}$,85) est octogonal à l'extérieur et décagonal à l'intérieur; à en juger aussi par la force des murs, il pouvait être surmonté d'une coupole octogonale en pierre, avec une prise de jour à son sommet, comme cela existait dans beaucoup de temples anciens, et comme cela se voit encore au Panthéon, à Rome. Une porte géminée, orientée à l'ouest, y donnait accès, et une fenêtre, également géminée, se trouvant en face de cette porte, permettaient à la lumière d'entrer dans la *cella* et de l'éclairer conjointement avec l'orifice supérieur placé au haut de la coupole dont nous venons de parler. — Cette *cella* était enchâssée dans une espèce de portique en forme de *croix grecque* décorée par soixante-quatre colonnes. Les quatre bras de cette croix formaient quatre vestibules (ayant chacun 7$^{m}$,85$^{c}$ de longueur et 7$^{m}$,75$^{c}$ de largeur, mesures prises à l'intérieur) réunis entre eux par des murs à pans coupés, parallèles aux quatre faces paires de l'octogone. Les murs latéraux du vestibule, regardant l'est, se prolongeaient jusqu'au mur de fond du grand portique principal, que nous décrirons plus loin, et formaient ainsi un vestibule allongé où devait se trouver, suivant toute probabilité, l'autel des sacrifices.

Comme on le voit, les formes et les dispositions de ce Temple sont complètement différentes de ceux rencontrés jusqu'ici en Gaule. Il en est un pourtant qui aurait quelque analogie avec le nôtre, c'est celui découvert en 1844, à Chassenon, par l'abbé Michon, et décrit par lui dans la *Statistique monumentale de la Charente;* mais les fouilles qui ont mis à jour ces substructions n'ont pas, ce nous semble, été faites avec assez de soin pour que nous puissions en parler, pour le moment, d'une manière sérieuse. — M. Anthyme Saint-Paul, dans son *Histoire monumentale de la France* (page 52), a également signalé le temple de Ville-Toureix (Dordogne) comme présentant le même plan que celui de Sanxay.

Si le Temple d'Herbord offre, dans ses parties principales, des particularités qui ne se rencontrent que dans très peu d'édifices de même nature, il n'en est pas de même d'une de ses parties accessoires, qui lui est commune avec un grand nombre de temples grecs et romains. Il est, en effet, entouré d'une vaste enceinte ou *peribolos*, composée de quatre portiques ou galeries; le plus grand portique de la façade, ou *propylée*, orienté à l'est, a 76$^{m}$,12$^{c}$ de longueur extérieure; il se compose de deux murs parallèles, entre lesquels règne un espace de 7 mètres, qui était orné de trois rangs de vingt-deux colonnes; le mur intérieur, regardant le Temple, était plein et devait être percé de fenêtres. C'est sur ce dernier mur que venaient s'appuyer les trois escaliers qui desservaient le grand *peribolos* : un petit (large de 3$^{m}$,36$^{c}$ et long de 7$^{m}$,70$^{c}$) donnait accès au portique de gauche; un grand, au centre (ayant 9$^{m}$,54$^{c}$ de largeur et 7$^{m}$,08$^{c}$ de longueur), servait d'entrée au portique, orné de soixante-six colonnes; un autre petit (large de 3$^{m}$,70$^{c}$ et long de 3$^{m}$,86$^{c}$) conduisait au portique de droite; les deux petits diffèrent en longueur, parce qu'ils sont construits sur un terrain déclive. Ils n'avaient tous trois que quelques marches en haut desquelles se trouvait un palier décoré architecturalement.

Nous remarquons aussi à droite, mais en dehors de l'escalier, deux constructions presque carrées : la première, possédant encore son aire bétonnée, a pu servir de *conciergerie;* quant à la seconde, qui lui est contiguë, elle semble avoir été destinée à recevoir les eaux de deux sources dont il sera question à l'article *Balnéaire;* ce devait être un bassin d'épuration, du genre de ceux que Vitruve appelle *aquarium.*

Il est une autre partie maçonnée du Temple qui a vivement excité la curiosité des visiteurs, et qui a donné naissance aux plus étranges commentaires : je veux parler du grand *égout* qui, partant de la *cella* octogonale et aboutissant au portique de gauche, déversait ses eaux dans un bassin des Hôtelleries que nous décrirons plus loin. Cette bizarre construction voûtée, sous laquelle on peut, dans une partie de son parcours, se promener debout, était destinée à drainer le sous-sol du Temple et à recueillir les eaux de ses toitures.

Nous n'avons pas rencontré l'endroit appelé dans l'antiquité *opisthodomos*, où l'on déposait le trésor : il est donc probable que les objets précieux étaient conservés dans l'une des maisons voisines dont nous parlerons plus loin. Une immense cour ou préau se trouvait devant la façade principale du *peribolos*, ayant forme d'un trapèze et entourée de murs de clôture; sa superficie totale contenait 7,695 mètres carrés.

A son centre, et dans l'axe du Temple, se voyait un petit édifice circulaire de $7^{m},40^{c}$ de diamètre intérieur; probablement orné de colonnes sur lesquelles reposait une coupole. Il devait donner abri à quelque divinité. Cette cour contenait également deux portiques couverts : l'un à gauche et l'autre au fond. Pourquoi se trouvaient-ils tous deux placés sans symétrie, et à quel usage devaient-ils servir? Rien n'est venu nous fixer à ce sujet; mais nous pouvons dire avec certitude qu'ils étaient ornés de colonnes.

Les débris d'architecture que nous avons rencontrés en déblayant ce Temple et ses dépendances ne sont pas nombreux, mais ils suffisent grandement pour faire connaître la forme architecturale qui décorait la plupart de leurs parties.

Les colonnes étaient faites au tour, cannelées et rudentées de leur base au premier tiers de leur hauteur, excepté cependant celles du portique ouest de la grande cour, dont les fûts étaient couverts de feuilles de laurier imbriquées; leurs diamètres variaient, suivant les parties d'édifice qu'elles ornaient; tous les profils des bases, ainsi que l'ornementation et les moulures des chapiteaux, sont de l'ordre corinthien. Nous n'avons, jusqu'ici (1), retrouvé aucune pierre ayant appartenu aux architraves, aux frises, aux corniches et aux entablements; c'est ce qui, pour le moment, donnerait à penser que ces parties architecturales étaient faites en bois; toute la sculpture, on ne peut plus intéressante à divers points de vue, est admirablement fouillée, et les personnes les plus compétentes la considèrent comme étant de la seconde moitié du premier siècle de l'ère chrétienne.

Le nombre des objets trouvés est réellement fort petit, relativement à la quantité de terre qui a été remuée. Ils peuvent se résumer ainsi : quelques monnaies gauloises des derniers chefs Pictones; des monnaies romaines consulaires, légionnaires et impériales, la plupart en bronze et de divers modules; des tessons de poteries, généralement fort grossières; six morceaux d'une statue en bronze doré, dont le plus grand n'excède pas quatre centimètres carrés; quelques outils en fer, entre autres une faucille en fer avec sa douille; beaucoup de clous et de ferrures de charpentes; les débris d'un *ex-voto* en pierre, sur lesquels il ne reste que les premières lettres de trois lignes, qui ne permettent malheureusement pas de leur donner un sens; enfin un autre débris d'inscription, trouvé il y a quelques années, et sur lequel on lit POL en belles capitales. Les dimensions de cette pierre et les moulures qui l'encadraient feraient croire qu'elle servait d'architrave aux colonnes du péristyle du grand escalier. Elle a été mutilée par le propriétaire, qui l'a employée dans la maçonnerie d'une porte de son jardin.

Avant de clore ce chapitre sur le Temple et ses dépendances, ajoutons quelques renseignements statistiques qui ne manquent pas d'intérêt. La *cella* octogonale a 61 mètres carrés de superficie; les quatre *pronaos* et les quatre vestibules, $726^{m},80^{d}$; l'emplacement de l'autel des sacrifices, $134^{m},53^{d}$; les cours circonscrites par les quatre galeries du *peribolos*, $3,048^{m},14^{d}$; les trois galeries ou portiques ouvertes sur la cour intérieure qui entourait le Temple, $1,154^{m},45^{d}$; la grande cour extérieure, en ne comprenant pas les trois escaliers, le petit Temple rond et les deux portiques, $7,695^{m},44^{d}$. — Si nous additionnons les superficies des parties du *peribolos* occupées par le public, nous trouvons un total de $4,202^{m},59^{d}$ carrés, et si nous affectons un mètre carré à deux personnes, ce qui est le minimum, nous obtenons un total de 8,405 mètres, qui représente le nombre de spectateurs pouvant, sans être gênés, assister aux sacrifices et en voir les cérémonies.

Si nous donnons, au contraire, un mètre carré par personne dans la grande cour qui précédait le Temple et son *peribolos*, nous trouvons qu'elle contenait 7,695 personnes.

Nous avons décrit le Temple tel qu'il fut lors de sa construction. Plus tard, il subit d'assez importantes modi-

(1) Les déblais ne sont pas encore terminés.

fications, tout au moins dans son *peribolos*. La *cella* fut laissée intacte, ainsi que ses *pronaos;* mais deux des galeries de son *peribolos* furent remaniées en grande partie. Ainsi les trois rangs de vingt-deux colonnes de son portique principal furent complètement supprimés; on éleva aussi un mur de 70 centimètres d'épaisseur, depuis les fondations jusqu'aux combles, contre le mur extérieur de façade auquel aboutissaient les trois escaliers. Ce changement rétrécit le portique et nécessita probablement le remplacement de ses plats-fonds primitifs. — On construisit également dans le portique de gauche, et sur toute sa hauteur, deux murs : l'un, entièrement plein, servit de fond à la rangée de colonnes qui regardait le Temple, et enleva toute communication avec les préaux intérieurs; l'autre fut accolé au mur extérieur et percé, à des distances symétriques, de fenêtres qui rendirent à ce portique l'air et la lumière que l'autre mur lui avait enlevés. On ne peut se rendre compte de la raison pour laquelle ces remaniements ont été faits. Toujours est-il que l'harmonie et le grandiose de ces vastes portiques quadriformes ne gagnèrent pas à d'aussi singuliers remaniements.

## LES THERMES

Les deux constructions affectées aux Thermes sont séparées l'une de l'autre par une vingtaine de mètres.

La principale fait suite à la grande cour qui précédait le *peribolos* du Temple; celle de moindre importance est située sur le bord de la rivière.

La construction principale couvre une superficie de 6,600 mètres carrés; sa forme est celle d'un vaste trapèze ayant 110 mètres de longueur et 60 mètres de largeur moyenne: elle se compose de cours ou préaux, d'une spacieuse colonnade, d'une grande salle, d'un bâtiment important servant à la balnéation, et d'une longue galerie couverte par laquelle le public arrivait des hôtelleries au balnéaire lui-même.

La plus grande des trois cours couvrait une étendue de terrain de 1,768 mètres carrés, et devait servir de jardin, si l'on en juge du moins par l'absence d'empierrement de son sol. Les deux autres, plus petites que la précédente, s'étendaient sur des superficies de 967 mètres carrés et de 552 mètres carrés.

Rien ne peut nous fixer sur l'usage de ces deux dernières cours; peut-être étaient-elles destinées au service du personnel attaché au balnéaire, ou bien au public en qualité de *palestre* et de *stade*.

La spacieuse colonnade, à air libre de trois côtés, occupe dans toute sa largeur l'extrémité est des Thermes, et servait très probablement de promenoir couvert aux baigneurs. Quatorze colonnes décoraient sa façade et deux ornaient chacune de ses extrémités; son aire, d'après ce qui se voit en place, se composait d'une épaisse couche de béton. Son mur de fond était plein et donnait accès, par des portes, à la troisième cour, et, par un passage avec escalier à droite, au premier étage de la construction principale.

La grande salle devait être fort belle, à en juger d'après ce qu'il en reste; l'une de ses parties est en assez bon état de conservation. Elle avait, en effet, 23 mètres de long sur 15 de large; trois niches demi-circulaires, de $5^{m},40^{c}$ de diamètre, séparées entre elles par deux niches rectangulaires, étaient adossées à son mur nord. Elle devait, suivant toute probabilité, servir d'*exèdre*, c'est-à-dire de salle couverte destinée à la conversation et au repos. Ses niches, selon toute apparence, étaient voûtées en plein cintre et en culs-de-four, et ses plafonds étaient en bois avec caissons à la grecque.

Quant au bâtiment principal, ou balnéaire proprement dit, il consistait en constructions plus soignées que toutes les autres de l'ensemble des Thermes; il couvrait une superficie de $1,969^{m},84^{d}$ carrés et possédait, presque dans toutes ses parties, un rez-de-chaussée et un premier étage.

Le balnéaire fut remanié à la même époque que le *peribolos* du Temple, et d'une façon si considérable, qu'il fut presque complètement transformé. L'étude de ces divers changements, étude forcément longue et minutieuse, serait déplacée ici (1).

Nous nous bornerons à exposer en peu de mots ce qu'il était après cette opération, et ce qu'il est encore aujourd'hui. Il offre des particularités d'un très haut intérêt. D'abord, c'est un balnéaire double; il comprend dans une même construction deux balnéaires distincts, unis par un corridor central.

Le premier de ces balnéaires ne contient que ses trois piscines d'eau à températures différentes, ainsi que ses trois salles à air, également à températures variées, et ne possède aucun des autres appartements que l'on rencontre dans les bains construits selon les règles classiques.

Le second se compose : de trois piscines contenant des eaux très chaudes, des eaux moins chaudes et des eaux tièdes; d'une salle où l'on prenait des douches, et de trois salles dont l'air était à des températures différentes; il n'a aussi, comme le précédent, aucune autre salle à sa disposition.

En dehors de leur intérêt archéologique, de l'importance architecturale que leur a donnée le remaniement dont la date nous est inconnue, toutes les piscines et les étuves, ainsi que la salle des douches, les hypocaustes, les prefurnium, etc., sont des plus curieux à examiner au simple point de vue du pittoresque.

Le balnéaire est peut-être, des trois pièces principales de la découverte de Sanxay, celle qui a le plus de succès auprès de la majeure partie des visiteurs.

A l'origine, deux sources, sortant d'une hauteur voisine située au delà du Temple, amenaient seules leurs eaux fort salubres, mais nullement thermales (quoiqu'en aient dit certains archéologues), dans les deux bassins ou réservoirs du Temple et du balnéaire; cela était bien suffisant. Mais après le remaniement général, on comprend que ces deux sources ne pouvaient plus répondre aux exigences des nouvelles piscines, surtout si l'on était obligé, comme cela est probable, de renouveler leurs eaux plusieurs fois par jour. Aussi les Romains eurent-ils recours à sept autres sources, qu'ils trouvèrent échelonnées sur les versants d'une vallée voisine, située sur la rive droite de la rivière et au delà du Théâtre; ils construisirent une chaussée au bas de cette vallée, qui devint bientôt un vaste lac; puis, après avoir établi un aqueduc un peu au-dessus du fond de la chaussée, ils le conduisirent sous terre d'abord, en élévation ensuite, jusqu'au balnéaire, après lui avoir fait décrire de nombreux circuits. La plus éloignée de ces sources est à 1,450 mètres environ des piscines; la plus rapprochée en est distante d'environ 900 mètres. En calculant, d'après les superficies de toutes les piscines en activité de service après leur remaniement, le nombre de personnes qui pouvaient se baigner en même temps, nous trouvons qu'il ne devait pas s'élever au delà de cent quarante; et, en admettant même qu'on renouvelât les eaux quatre fois par jour, cinq cents personnes au plus auraient pu se payer le plaisir de la balnéation. Il y a, il faut l'avouer, une énorme disproportion entre ce nombre et celui des personnes auxquelles il était donné d'assister aux cérémonies du temple et de prendre part aux délassements du théâtre, puisque le premier s'élevait au moins à huit mille et le second au plus à cinq cents. Cette disproportion, fût-elle encore moins grande, suffirait pour prouver que les balnéaires, j'en excepte cependant celui d'eau de rivière, n'étaient qu'à la disposition des privilégiés et non à celle de la masse.

Les égouts se composent d'un grand collecteur auquel viennent aboutir cinq branchements. Le grand collecteur est maçonné et voûté depuis son origine jusqu'aux abords de la grande colonnade regardant la rivière, sur une longueur de 85 mètres, ensuite il continue à ciel ouvert. On avait aussi ménagé sur son parcours trois regards avec couvertures mobiles qui permettaient le nettoyage.

L'architecture jouait un rôle aussi important dans l'ensemble de ce vaste édifice que dans celui du Temple et de ses dépendances, avec cette différence qu'elle était symétrique et régulière dans le Temple et dans les galeries de son *peribolos*, tandis qu'elle est irrégulière et bizarre dans les parties principales des Thermes.

(1) Nous nous permettons de renvoyer nos lecteurs au *Mémoire archéologique sur les découvertes d'Herbord*.

Le splendide portique, placé au bas des Thermes et en face de la rivière, est la seule partie de cet ensemble de constructions qui ait été classiquement traitée: l'architecture de ces édifices était de l'ordre corinthien et de même date que celle du temple et de ses dépendances.

Parmi le très grand nombre d'objets de toute nature trouvés en déblayant, quelques-uns seulement sont importants. Je citerai de ces derniers : une petite statuette en bronze de Pâris assis; une hache en fer, de forme très intéressante; deux couteaux aussi en fer; deux gros et larges tuyaux de plomb intéressants à étudier; quelques clefs de bronze et de fer; des épingles de cheveux en os; des cure-oreilles et des épiloires en cuivre; trois petites intailles en agate de la basse époque; beaucoup de morceaux de gros verre de vitre opaque et verdâtre; des perles en pâte de verre de diverses couleurs; grand nombre de débris de vases en terre et en verre à forme intéressante; une monnaie gauloise en bronze; enfin quelques monnaies romaines impériales également en bronze.

## LE BALNÉAIRE D'EAU DE RIVIÈRE

Il a 109 mètres de longueur et 36 mètres de largeur et se composait d'un bâtiment, d'une cour et d'une habitation. Ces trois parties sont aujourd'hui recouvertes.

Le bâtiment est presque carré, possède un *atrium* entouré de trois côtés par une galerie sur laquelle ouvrent treize chambres encore bétonnées. Son mur de façade à l'est, proche de la rivière, semble n'avoir jamais existé qu'à l'état de fondation et de mur de barrage.

Les fouilles que nous y avons opérées nous ont démontré que le sol de l'*atrium* n'a jamais été remué, et, par suite, qu'il n'y avait pas eu là de bassin: les baigneurs usaient des chambres, ainsi que de l'*atrium* et des galeries, avant et après s'être plongés dans les eaux de la Vonne.

Les distributions de la construction voisine de la cour sont les mêmes que celles des habitations romaines; nous croyons que cette construction était à l'usage de l'intendant général des Thermes.

Les substructions de ce balnéaire n'ont pas été détruites; elles sont seulement recouvertes de terre et de gazon.

# LES HOTELLERIES

Ces Hôtelleries, que l'on voit entre le *peribolos* du Temple, les Thermes et la rivière, couvraient un espace de terrain d'environ trois hectares sur une longueur de 320 mètres et une largeur moyenne de 100 mètres. Les habitations étaient au nombre de sept; leurs distributions intérieures ne différaient en rien de celles en usage chez les Romains: quatre de ces habitations avaient un *atrium* entouré d'une, de deux, de trois ou de quatre galeries sur lesquelles ouvraient la plupart des chambres. L'une d'elles se faisait remarquer par ses proportions et ses dispositions luxueuses; elle devait, ce semble, être occupée par quelque personnage de distinction.

Au-dessus de cette dernière, se trouve une piscine importante (elle contenait 400 mètres cubes 83 décimètres cubes d'eau); un vaste promenoir à ciel ouvert l'entourait sur ses quatre faces, et de plus, à gauche, régnait une galerie couverte. En face, côté ouest, se trouvent des fondations semi-circulaires qui n'avaient pu servir qu'à supporter un socle de statue. — Cette piscine recevait ses eaux : 1° du sous-sol de la *cella* du Temple et des toitures de ses quatre vestibules, par le moyen de l'égout dont nous avons parlé plus haut: 2° d'un bassin d'épuration qui l'avoisinait et qui était alimenté par deux sources venant de quatre et de cinq kilomètres de distance.

Ces Hôtelleries étaient en communication avec les monuments voisins par plusieurs entrées et sorties. Trois passaient la rivière et se dirigeaient vers le Théâtre et les chemins avoisinants: deux menaient aux Thermes: une donnait accès à la grande cour du Temple: une autre enfin se reliait au chemin qui longeait le hangar du Temple et communiquait au hameau d'Herbord, dont il sera question plus loin.

L'architecture de ces habitations était loin d'avoir le grandiose de celle que présentaient le Temple et ses annexes, ainsi que les Thermes. A part les galeries qui entouraient certains *atrium* et le pourtour de la grande piscine, aucune des parties extérieures de leurs constructions n'était ornée de colonnes: de plus, si l'on en juge par les épaisseurs de tous les murs, les habitations n'ont dû avoir qu'un rez-de-chaussée simplement en bois.

Le nombre des objets trouvés, de même que leur valeur, ne répond pas à la peine que l'on s'est donnée pour les mettre à jour: mais il en est quelques-uns cependant qui méritent l'honneur d'une mention; ce sont: un petit *ex-voto* en terre de l'Allier représentant une Vénus pudique: un charmant petit Lièvre à la course, en bronze: trois fibules et un bouton en cuivre émaillés; quelques perles de verre: une clef en fer: quelques pots à puiser de l'eau, en terre et de formes rustiques: enfin les fragments de douze vases en terre grossière, fabriqués à quelques kilomètres des fouilles, mais revêtus intérieurement d'un enduit de verre qui offre le plus haut intérêt pour l'histoire de la céramique en Gaule, etc.

Les modifications apportées aux Hôtelleries sont très peu nombreuses, pour ne pas dire presque nulles.

Cette partie des substructions a dû être démolie, au cours de nos fouilles, par suite des nécessités de la culture, et parce que le Ministère n'a pas jugé à propos de la conserver.

# LE THÉATRE

Le Théâtre, et non l'amphithéâtre, comme se sont plu à le désigner quelques écrivains, est orienté au nord-ouest et placé sur la rive droite de la Vonne.

Comme la plupart de ceux que nous connaissons en France, il est adossé à un coteau. Son grand axe mesure 90 mètres et sa façade $84^{m},80$. Plusieurs des particularités qu'il présente se trouvent dans un très petit nombre d'édifices de même nature; quelques autres lui sont complètement propres. La partie centrale, qui est généralement semi-circulaire dans la plupart des théâtres, a la forme d'un cercle (rayon, 19 mètres; circonférence, $119^{m},38$); aussi lui donnerons-nous le nom d'*arena*, et non d'*orchestra*. Cette particularité existe dans les théâtres de Valogne, de Néris et de Vieux.

Le *postscenium* était en dehors de l'édifice, comme à Vieux, à Valogne et à Saint-Révérien.

Les *vomitorium* (galeries par lesquelles les spectateurs entraient et sortaient) sont différents de tous ceux rencontrés jusqu'ici : ils ne sont pas rayonnants, mais bien parallèles à la façade elle-même.

Le mur de façade avait la même hauteur que celle de son mur extérieur; huit dés accolés à cette façade, faits en grosse maçonnerie et sur de grandes dimensions, supportaient des colonnes d'un grand diamètre et d'une hauteur d'au moins 14 mètres, comme l'amphithéâtre de Nîmes, etc.

Notre édifice avait un *velum*. Le *proscenium* aussi devait être décoré architecturalement, ainsi que le *postscenium*.

Au-dessus de ces deux *vomitorium* voûtés conduisant au *proscenium*, il devait y avoir des appartements à l'usage du personnel du Théâtre.

Les six murs concentriques qui composent la *cavea* semblent indiquer qu'elle possédait quatre *précinctions*. Ces murs étaient reliés entre eux par de longues et fortes pièces de charpente qui supportaient elles-mêmes des gradins en bois.

Nous avons retrouvé, à droite de l'*arena*, entre le second et le troisième *vomitorium*, et sur l'emplacement compris entre le second et le troisième mur concentrique, les fondations on ne peut plus soignées d'une construction semi-circulaire ouverte sur l'*arena*; il nous semble qu'elle pouvait être réservée à plusieurs des grands personnages auxquels revenait la présidence des fêtes.

La superficie couverte par les gradins, les précinctions et les escaliers était de 3,285 mètres carrés: en affectant un mètre carré à trois personnes et en déduisant de la totalité de la surface la portion occupée par les précinctions et les escaliers, nous affirmons, sans crainte d'être taxé d'exagération, que ce théâtre donnait place au moins à huit mille personnes: ce nombre est approximativement le même que celui des personnes qui pouvaient assister aux cérémonies du Temple.

En fait de sculptures capables de nous fixer sur la partie architecturale décorative de ce monument, nous n'avons guère retrouvé que le linteau d'une des portes conduisant du *postscenium* au *proscenium*; il portait des moulures méplates.

Les objets qui sont sortis des déblais de cet édifice sont les suivants : une centaine de monnaies impériales en bronze de divers modules, quelques pots intacts et de fabrication commune; beaucoup de tessons de poteries grossières et un nombre très considérable de clous, ainsi qu'une inscription brisée en quarante-deux morceaux, que nous n'avons pas encore pu reconstituer, mais qui, par la forme des caractères, semble appartenir à la seconde moitié du premier siècle.

Le Théâtre, construit peut-être seulement à l'époque des remaniements du balnéaire et du *peribolos* du Temple, ne paraît pas avoir été modifié.

## SUBSTRUCTIONS SECONDAIRES

A une distance plus ou moins grande des monuments que nous venons de décrire, nous avons retrouvé les substructions de neuf bâtiments d'une importance fort inégale, ayant servi la plupart d'habitations aux personnes chargées du service des monuments (1).

Sur une hauteur, à 62 mètres de la rivière et dominant l'ensemble des constructions, était situé un petit temple carré, presque entièrement semblable de forme et de dimensions à celui dernièrement découvert par M. Tardieu, dans la villa de Beauchair, à Giat (Puy-de-Dôme), ainsi qu'aux deux que j'ai moi-même déblayés, il y a peu d'années, sur les hauteurs de la Roche, avoisinant et dominant Poitiers.

(1) Voir notre Mémoire, chapitre II.

# DESTINATION DES MONUMENTS DÉCOUVERTS

Pour plus de clarté, commençons par démontrer ce à quoi ces substructions n'ont pas pu servir :

1° *Elles n'ont pas pu servir de villa.* — L'ensemble de nos substructions contient des habitations dans lesquelles on retrouve les distributions intérieures des maisons particulières romaines; mais la manière dont elles sont agglomérées, de même que la grande rue qui les sépare dans leur longueur, ne se voient dans aucune des *villa* connues jusqu'ici. Il contient également un Temple, des Thermes et un Théâtre, construits sur de vastes proportions, et qui pouvaient donner asile à un nombre de personnes plus considérable que celui que pouvaient contenir les habitations voisines. Il était enfin situé dans un endroit sauvage et que l'on ne pouvait fréquenter en toutes saisons. Nous croyons donc que cet ensemble de constructions n'a jamais été une *villa*.

2° *Elles ne sont pas les restes d'une ville.* — Les villes ont leurs édifices publics en rapport avec leur population; or, les divers édifices qui composent notre découverte n'étaient pas en rapport les uns avec les autres; ainsi le *peribolos* du Temple, la grande cour qui le précédait et le Théâtre lui-même contenaient chacun environ huit mille personnes, tandis que les habitations agglomérées ayant pu servir à une population ne pouvaient certainement en abriter plus de deux cents. Il paraît donc évident que ces constructions ne sont point les restes d'une ville.

3° *Elles n'ont jamais, non plus, appartenu à un établissement d'eaux minérales.* — Les neuf sources qui alimentaient les piscines du balnéaire n'avaient aucune vertu médicinale particulière, comme l'ont prouvé : 1° l'analyse chimique que l'on a faite sur les eaux de plusieurs d'entre elles; 2° l'absence de tous dépôts et de toutes dégradations dans les égouts et dans les piscines; 3° la présence d'un cresson superbe et excellent qui pousse dans chacune d'elles et dont se servent journellement encore les habitants du pays. Il n'est donc pas possible d'admettre que les eaux de ces balnéaires aient été minérales, et partant que les constructions dont ils faisaient partie puissent être considérées comme ayant appartenu à des établissements d'eaux minérales.

Disons maintenant à quoi ces substructions ont pu servir :

Nous sommes porté à y voir un lieu de réunion, un centre de religion et de plaisirs, un grand centre forain : — le lieu d'assemblées de la tribu des Pictons, à l'époque gauloise d'abord, à l'époque gallo-romaine ensuite.

Le groupe des monuments de la vallée de la *Vonne* occupe à peu près le centre topographique de la tribu des Pictons, il est desservi par de nombreux chemins anciens; nous y avons trouvé la trace non contestable de la présence des Gaulois : sépulture, monnaies, instruments en pierre polie; il occupe un fond dont les hauteurs avoisinantes étaient certainement boisées: et les Romains ne se seraient pas assujettis à construire un établissement dans ces conditions, s'ils n'avaient pas eu quelques traditions gauloises à respecter.

Il convient d'ajouter, quoique cette détermination paraisse plausible, qu'elle est loin d'être démontrée et que nous n'avons aucun texte ancien pour la corroborer.

D'autre part, la disposition vraisemblable des découvertes similaires faites sur le territoire des autres tribus de notre pays pourra seule la confirmer.

Les monuments d'Herbord ont dû être renversés de 260 à 273, lors des épouvantables désordres qui eurent lieu en Gaule à cette époque; ou peut-être aussi pendant la grande insurrection des Bagaudes, entre 436 et 439. L'étude plus approfondie de cette découverte nous fixera ultérieurement, nous l'espérons, sur la date précise de ces épouvantables destructions.

*Poitiers, le 15 mai 1884.*

CAMILLE DE LA CROIX, S. J.

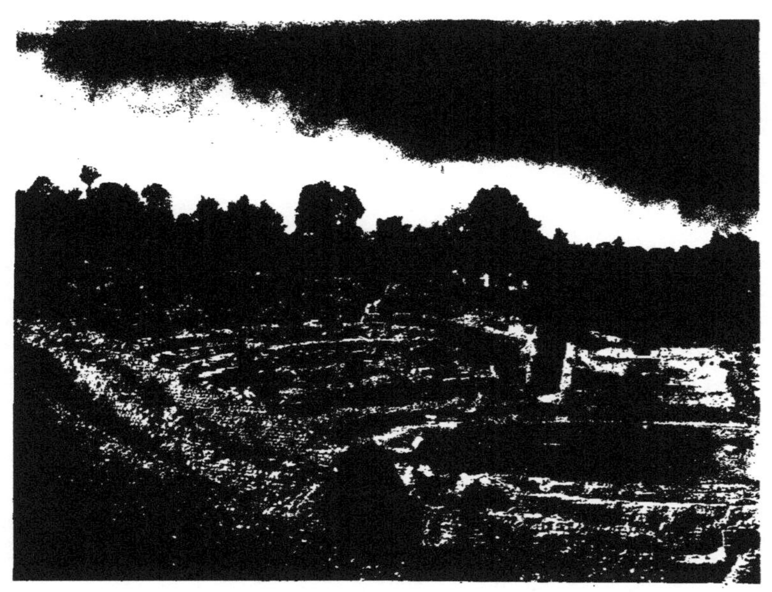

RUINES GALLO-ROMAINES DE SANXAY (VIENNE)

LE THÉATRE

*Vue prise de l'est.*

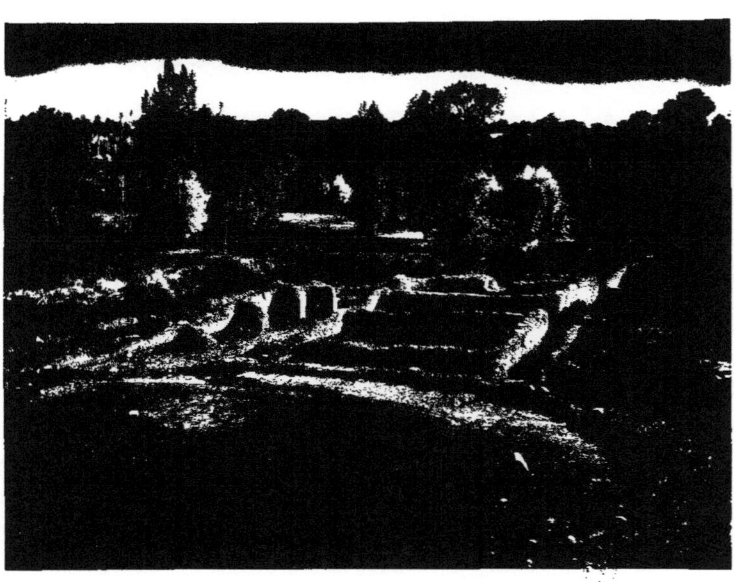

RUINES GALLO-ROMAINES DE SANXAY (VIENNE)

LE THÉATRE

*Vue prise du sud-ouest.*

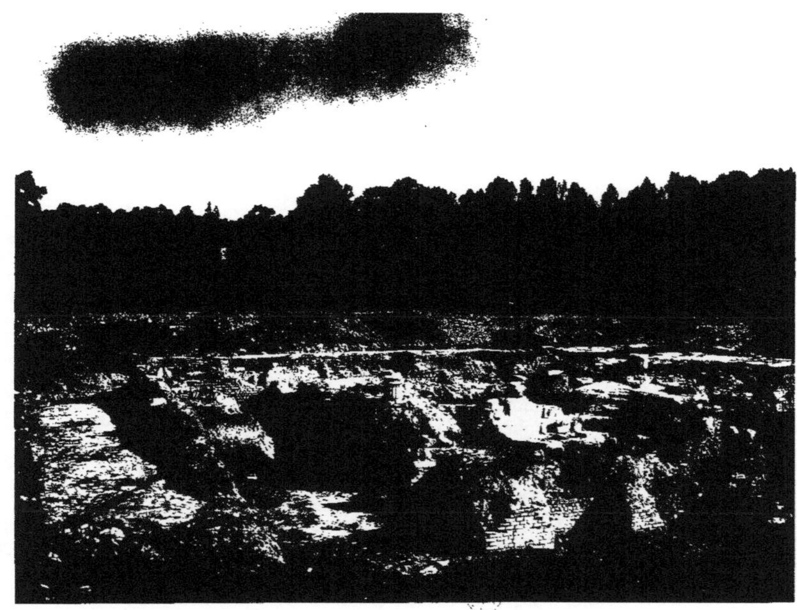

RUINES GALLO-ROMAINES DE SANXAY (VIENNE)

LE BALNÉAIRE

*Vue prise de l'angle du sud-ouest.*

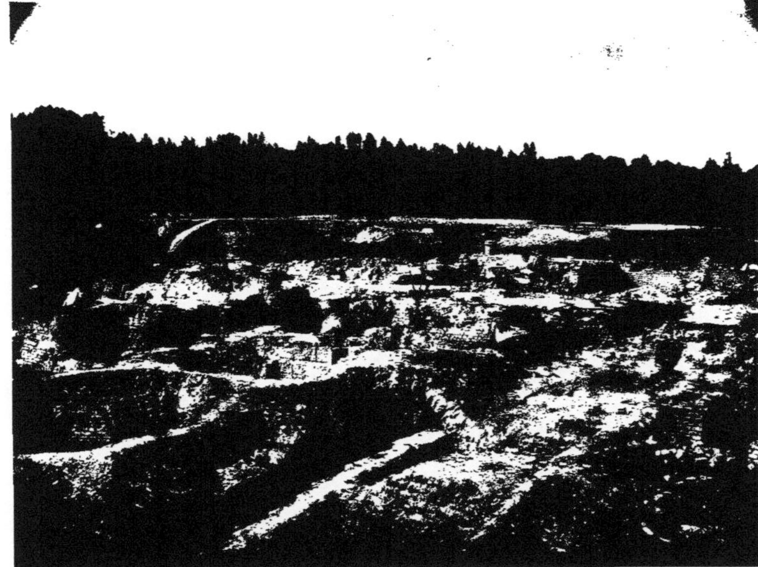

RUINES GALLO-ROMAINES DE SANXAY (VIENNE)

LE BALNÉAIRE

*Vue prise de l'angle du nord-est.*

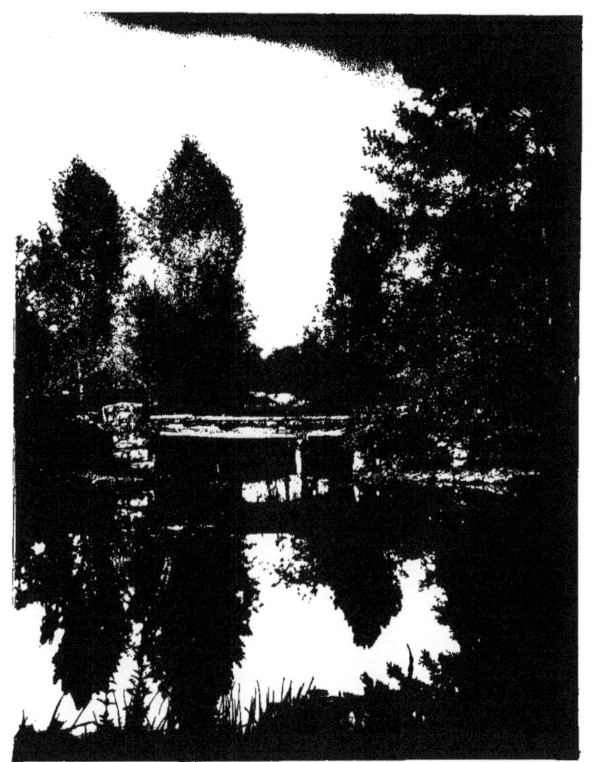

RUINES GALLO-ROMAINES DE SANXAY (VIENNE)

LA PLANCHE AUX MOUTONS

*Vue prise sur la Vonne.*

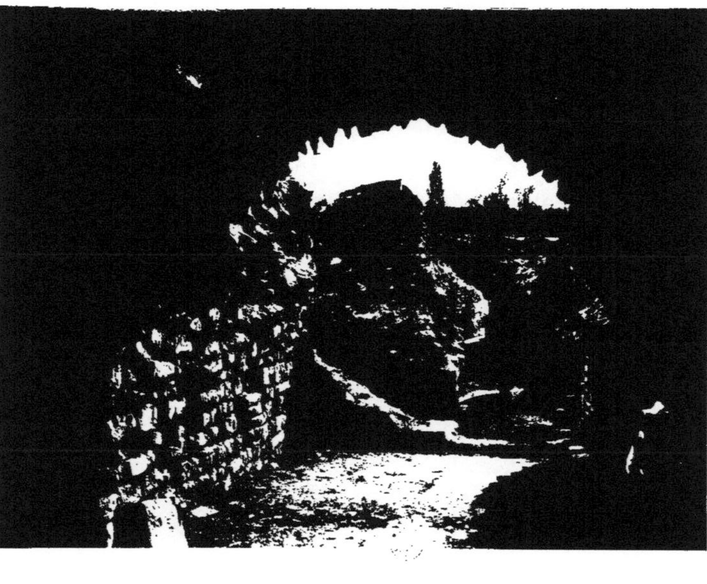

RUINES GALLO-ROMAINES DE SANXAY (Vienne)

LE BALNÉAIRE

*Couloir de service des Hypocaustes.*